DE LA PÊCHE
DE LA SARDINE
ET DES
INDUSTRIES QUI S'Y RATTACHENT

PAR UN PÊCHEUR

DE QUIMPERLÉ (FINISTÈRE).

QUIMPERLÉ
IMPRIMERIE DE TH. CLAIRET,
1864.

DE LA PÊCHE
DE LA SARDINE

ET DES

INDUSTRIES QUI S'Y RATTACHENT

PAR UN PÊCHEUR

QUIMPERLÉ

IMPRIMERIE DE TH. CLAIRET.

1864.

DE LA PÊCHE
DE LA SARDINE.

I.

CONSIDÉRATIONS PRÉLIMINAIRES SUR LA PÊCHE DE LA SARDINE.

La pêche de la sardine sur les côtes des départements de la Vendée, de la Charente-Inférieure, de la Loire-Inférieure, du Morbihan et du Finistère, paraît exister depuis plusieurs siècles, sans qu'on puisse fixer une date précise aux premiers établissements qui ont produit cette industrie.

On pense que cette pêche se faisait sur les côtes de l'Océan depuis environ quatre siècles, car dans de vieux titres du xive et du xve siècles on parle de priviléges accordés à cette industrie par les ducs de Bretagne, d'où l'on serait porté à conclure qu'elle existait même avant le xive siècle.

Sur nos côtes et notamment à Doëlan, arrondissement de Quimperlé, on voit encore des ruines de presses creusées dans le flanc d'une côte escarpée, bordant la mer, qui feraient présumer qu'elles y ont été établies depuis un temps immémorial.

Il serait curieux de connaître de quelle manière se servaient les anciens pêcheurs pour prendre la sardine, la saler et la presser; enfin les progrès que la pêche a dû faire depuis ses débuts jusqu'à nos jours.

Il serait aussi très-intéressant de savoir à quelle époque on s'est servi la première fois de rogues de Norwège, et par quel moyen on est parvenu à découvrir ses précieuses qualités pour pêcher la sardine.

Aucun document n'est venu jusqu'à ce jour éclaircir ce point essentiel de l'histoire de la pêche de la sardine.

Tout ce qu'on sait d'une manière certaine, c'est que la pêche existe d'un temps immémorial, que depuis le commencement de ce siècle et notamment depuis 30 à 40 ans, elle a pris un développement extraordinaire. Et tout porte à croire que nous sommes encore loin d'être arrivés au point où ce développement doit s'arrêter.

La sardine conservée à l'huile est venue contribuer à ce succès en augmentant considérablement la consommation qui était limitée auparavant à la seule sardine pressée et salée.

En remontant à 35 ou 40 ans on voit que le nombre des bateaux employés à la pêche de la sardine, de la Rochelle à Douarnenez et environs, étaient de 1,000 à 1,200 environ, et qu'il est maintenant de 2,000 à 2,500.

Les 1,000 à 1,200 bateaux existant en 1822 fournissaient en sardines pressées au-delà de la consommation ordinaire de la France; les fabricants étaient obligés d'exporter presque toujours leur trop plein dans la Méditerrannée et rarement ces exportations procuraient des bénéfices.

A cette époque la sardine qu'on pressait en *primeur* ne donnait le plus souvent que de la perte, car on était obligé de l'expédier dans le midi ou dans le centre de la France peu de temps après avoir été fabriquée, et les chaleurs des mois de juin, juillet et août arrivant, elle se gâtait bien vite.

Une fois arrivée, il fallait la vendre à tout prix, ou se résigner à la donner pour engrais.

L'industrie de la sardine à l'huile est venue apporter

une grande amélioration dans la position de la sardine pressée.

Après s'être montrée timide dans ses débuts, comme on le verra par la suite, elle a bientôt pris une extension considérable à cause des bénéfices énormes qu'elle a donnés aux premiers spéculateurs qui ont pensé qu'avec ce petit poisson, au goût si fin et si délicat, il y avait mieux à faire que de le saler et de le presser dans des barils.

Quand nous parlerons de la sardine à l'huile, nous dirons comment elle a été introduite dans le commerce et quel avenir lui est réservé, selon nos prévisions; mais dès à présent nous pouvons dire qu'elle a en quelque sorte détrôné la modeste sardine pressée qui ne tient plus que le deuxième rang, après avoir long-temps brillé au premier.

En effet, il n'y a pas en France une chétive bourgade possédant un épicier, où on ne voit sur la devanture de son magasin briller la boîte de sardine à l'huile.

Aussi le nombre des établissements de sardines à l'huile augmente tous les jours, chaque année on en voit de nouveaux paraître, souvent sur les points les plus obscurs du littoral, tandis que ceux de sardines pressées, tendent à se restreindre et à céder le pas à leur concurrente, jusqu'à ce que l'aisance faisant des progrès dans la population ouvrière et agricole, permettra à l'ouvrier et au cultivateur aisé de consommer exclusivement la sardine à l'huile, devenue à la portée de toutes les bourses, par les améliorations économiques qui ne manqueront pas d'être apportées à la fabrication.

En attendant, la sardine pressée résiste et les presseurs trouvent encore dans leur ancienne industrie la rénumération de leurs peines, comme il en sera fait mention quand nous traiterons de cette fabrication.

La sardine ne va pas uniquement aux ateliers de salaisons ou aux établissements de conserves à l'huile; il s'en vend une énorme quantité en vert, c'est-à-dire fraîche, sortant des bateaux. C'est d'abord le cultivateur du littoral qui vient en acheter pour sa provision d'hiver; ce sont ensuite les poissonniers qui viennent avec chevaux et voitures en enlever autant qu'ils peuvent pour les revendre en détail à la ville voisine et dans la campagne.

Ce sont enfin des spéculateurs qui, profitant de la voie du chemin de fer d'Orléans, ouvert seulement à la fin de 1863, en enlèvent de grandes quantités pour en expédier par toute la France; Nantes et Rennes en reçoivent douze heures après qu'elles ont été pêchées; Anger et Laval en 14 à 15 heures, Le Mans et Tours en 18 heures, Paris en 20 ou 22 heures, Lille, Lyon et Strasbourg en 30 heures. — La France entière maintenant va être admise à goûter ce délicieux petit poisson à l'état frais ou à peu près, et alors quelles limites pourra-t-on assigner à cette immense consommation.

Il en résultera immanquablement la nécessité d'augmenter encore le nombre des bateaux déjà existants.

On objectera peut-être et on dira : comment la mer pourra-t-elle suffire à produire tous les ans des quantités aussi considérables! Comment pourra-t-elle fournir les centaines de millions de sardines qui lui seront demandées.

On peut répondre et affirmer que si, au lieu de 2,400 à 2,500 bateaux, il y en avait 10,000 à pêcher et que si chaque bateau pêchait 2 à 300,000 dans son année, ce qui est le terme moyen ordinaire, cette quantité ne diminuerait pas sensiblement les masses de sardines qui fréquentent nos côtes dans les années moyennes.

Resterait à savoir comment on pourrait pourvoir tant de bateaux en filets et surtout en *rogues*, appât indispensable pour pêcher, car sans rogues il est presqu'impossible de prendre la sardine.

Jusqu'à présent il a été fait, sans succès, des essais nombreux pour pêcher avec des rogues artificielles et même pour pêcher sans rogues ; mais rien n'a réussi. Cependant il pourrait surgir une découverte inespérée qui, si elle se réalisait, serait un bienfait inappréciable.

II.

DE LA SARDINE.

§ 1. — *Sa Description.*

La sardine est un petit poisson d'une délicatesse de goût très-appréciée par les gourmets.

Sa grosseur est très-variable et très-capricieuse, car il est impossible de prévoir même d'un jour à l'autre qu'elle sera sa grosseur, les bancs de sardines qui se trouvent dans la mer à une faible distance les uns des autres en produisant d'une grosseur différente, de manière que les mêmes bateaux qui se seront mis en pêche à une encâblure les uns des autres, peuvent prendre, les uns des petites, les autres de grosses sardines, et même souvent ces différences se rencontrent dans le même banc et par conséquent dans les produits de la même pêche.

Si nous insistons pour bien faire comprendre qu'il est impossible de savoir, à l'avance, la grosseur de la sardine que l'on pêchera, c'est pour démontrer combien certains épiciers, ignorant cette diversité de grosseurs chez les sardines, sont inconséquents quand ils écrivent pour demander combien on vendrait *à livrer* des boîtes contenant une *quantité déterminée de sardines*. Comme si le fabricant avait la faculté de choisir dans la mer la grosseur de sardine convenable pour faire des boîtes d'un nombre exact de poissons. Ce nombre ne peut être connu que lorsque la sardine est entrée dans l'atelier.

Sa longueur varie de 10 à 20 centimètres de la tête à la queue, quelquefois plus, quelquefois moins.

Quand elle est fraîche elle est d'une couleur argentée, très flatteuse à l'œil.

Les pêcheurs distinguent dans la sardine 8 *moules* différents. Ils disent que la sardine est du moule de 7 *milliers*, quand il entre 7,000 sardines dans ce qu'on appelle *manestrant* (barrique de la capacité de 2 hectolitres 28 litres à 2 hectolitres 30 litres, défoncée d'un bout où se sale la sardine quand elle arrive de la mer, avant d'être mise en barils et pressée); elle est du moule de 6-7, quand il entre dans le manestrant de 6 à 7,000 sardines, et ainsi de suite, en descendant jusqu'au moule de 3-4 qui est le plus bas parce qu'il ne va que 3 ou 4,000 sardines au manestrant ; ce dernier moule est très rare, si ce n'est à Douarnenez et à l'Ile-de-Batz. Cependant il arrive quelque fois qu'on pêche encore de plus grosses sardines appelées *sauvages*, ayant une chair sèche, dure et huileuse, d'un goût détestable. Elles se vendent ordinairement salées et pressées pour le Midi ; elles se prennent en avril et souvent on les fait passer pour des sardines de primeur, à Paris et ailleurs ; une fois qu'on a été pris on n'y revient plus.

Depuis peu, pour distinguer plus exactement le moule des sardines on a imaginé de les peser.

Voici le rapport du poids avec le nombre de sardines, par rapport au moule :

Il faut 80 à 85 sardines du moule de 7 milliers pour peser 1 kilo
— 60 à 65 — de 6-7 milliers —
— 50 à 55 — de 6 milliers —
— 38 à 40 — de 5-6 milliers —
— 28 à 30 — de 5 milliers —
— 20 à 24 — de 4-5 milliers —
— 16 à 18 — de 4 milliers —
— 9 à 10 — de 3-4 milliers —

Il faut que chaque bateau soit assorti en filets, ayant les mailles disposées pour pêcher des sardines de chacun de ces moules. Ceux dont on se sert le plus communément, sont les moules de 4, 4-5, 5, 5-6 et 6, selon les localités et les saisons.

§ II. — *Ses Habitudes.*

On n'est pas encore arrivé à se mettre d'accord sur les habitudes de la sardine.

Elle commence dit-on, à paraître dans le Golfe Adriatique, sur les côtes d'Afrique et le littoral méditerranéen de la France et de l'Espagne, en mars ou avril, puis elle passe le détroit, suit les côtes de l'Espagne sur l'Océan et celles du Portugal, et elle arrive sur les côtes de France, vers la Rochelle et les Sables, en mai, enfin, sur les côtes de la Loire-Inférieure et du Morbihan en juin, et sur celles de Doëlan et de Concarneau quelques jours plus tard ; en août on la trouve dans la baie de Douarnenez, et en septembre et octobre, au-delà, à l'Ile-de-Batz, à Lannion et sur les côtes d'Angleterre.

La sardine faisant son apparition plus tôt sur un point que sur un autre, pour remonter toujours vers le nord, en suivant les côtes, il s'ensuit que la pêche finit aussi plus tôt sur les premières côtes qu'elle a visitées ; par exemple, à La Rochelle, la sardine a disparu ou est sur le point de disparaître, quand on est en pleine pêche à Port-Louis, Doëlan, Concarneau, et elle finit aussi plus tôt dans ces derniers ports qu'à Douarnenez, l'Ile-de-Batz, etc.

La sardine met environ six mois pour faire son évolution annuelle et périodique de la Méditerranée à Douarnenez et au-delà.

Cette évolution paraît positive d'après l'opinion de beaucoup de pêcheurs ; mais que devient, passé le mois de novembre ou de décembre, cette immense quantité de sardines ? A cette époque disparaissent-elles entièrement de nos côtes et comme par enchantement ?

Retournent-elles dans le Midi, comme les hirondelles, pour jouir d'un climat plus doux et plus approprié à leur nature ?

En admettant cette hypothèse, par où passent-elles ? Prennent-elles pour leur retour la même voie qu'elles ont suivie pour arriver jusqu'aux côtes françaises ? Dans ce cas on les retrouverait à leur retour, surtout à leur rentrée dans la Méditerranée, au passage étroit de Gibraltar ; on en aurait enfin une connaissance quelconque. Mais non, leur disparition est complète et on ne les revoit plus qu'au printemps suivant, poursuivant invariablement leur itinéraire accoutumé.

Il y en a qui prétendent que la sardine ne retourne pas dans la Méditerranée, qu'elle reste au fond de la mer où la température en hiver est à un degré assez élevé comparativement à sa surface, que c'est là parmi les algues marines dont le fond de la mer est recouvert qu'elle fraie pour répandre sur nos côtes au printemps ces millions de milliards de poissons que l'on voit ; enfin, que son apparition se fait au fur et à mesure de l'avancement de la saison, lorsque la température est arrivée au point qu'il lui convient.

Nous n'avons pas la prétention de résoudre les phénomènes que présente la sardine, tous les ans, sur nos côtes ; nous constatons seulement un fait dont la solution appartient à plus savant que nous ; cependant si nous étions appelé à donner une opinion, nous dirions que nous pensons que ce fait, encore inexpliqué, est un des mystères de la nature, dont Dieu seul a le secret.

III.

DES PORTS PRINCIPAUX OU SE FAIT LA PÊCHE DE LA SARDINE.

Nous ne parlerons ici que de la pêche de la sardine

sur les côtes de la France situées sur l'Océan, n'ayant que des données imparfaites sur celle qui se fait dans la Méditerranée et sur les côtes d'Espagne et d'Angleterre.

Les ports qui sont les premiers favorisés par la sardine, sont La Rochelle et les Sables d'Olonne. C'est ordinairement dans la deuxième quinzaine de mai que la sardine y apparaît.

Il semble qu'elle est encore dans son enfance, elle est petite, tendre, sans écaille, très délicate, mais ne se conservant que peu à l'état frais. Pour la conserver à l'huile il est nécessaire de ne pas perdre de temps pour éviter qu'elle devienne molle et sans consistance, défaut qu'on reproche généralement aux sardines de ces localités. Le séjour de la sardine sur ces côtes ne dure guère qu'un mois ou deux.

Huit à quinze jours après que la sardine a paru aux Sables d'Olonne, on la trouve au Croisic, à la Turbale et à Belle-Isle ; elle y arrive avec un degré de grosseur et de fermeté qui lui font donner la préférence sur celle de La Rochelle et des Sables, tant pour les conserves à l'huile que pour la salaison.

Tôt après elle ne tarde guère à paraître à Etel, Port-Louis, Doëlan et Concarneau, où elle reste plus d'un mois avant de se répandre dans la baie de Douarnenez.

C'est depuis Etel jusqu'à Concarneau que se pêche, dit-on, la meilleure sardine, tant pour les conserves à l'huile que pour la salaison, car elle a acquis à l'époque de son apparition, le développement nécessaire pour ces deux préparations ; elle est ni trop grosse, ni trop petite. Son poids varie de 30 à 40 sardines au kilo ; elle est exempte de l'huile qui se développe plus tard chez elle, substance bien nuisible à la qualité.

Dans la préparation à l'huile le poisson en est ferme et d'un goût exquis.

Vers le mois d'août la sardine fait son entrée dans la vaste baie de Douarnenez, où elle reste jusqu'à la fin de la pêche, c'est-à-dire jusqu'à la fin de novembre et même par exception, jusqu'à la demi-décembre.

La sardine qui se pêche à Douarnenez a acquis tout son développement ; son poids varie de 15 à 20 au kilo. Le poisson est ordinairement très gros et très chargé d'huile.

Il est impossible de citer lequel des ports ci-dessus est le plus productif, car la pêche de la sardine est une des industries qui offre les chances les plus incertaines et qui déjoue tous les calculs. Cette pêche a quelqu'analogie avec les récoltes de blé, tantôt généralement abondantes, tantôt bonnes sur un point, mauvaises ou médiocres sur un autre.

C'est une véritable moisson, sujette aux mêmes accidents, aux mêmes variations. Il serait vain, selon nous, d'aller chercher la cause de ces accidents ailleurs que dans les décrets de la Providence qui, dans ses vues impénétrables, donne les bonnes et les mauvaises récoltes, les bonnes et mauvaises pêches.

Plus loin que Douarnenez, à l'entrée de la Manche, la sardine s'y rencontre encore.

A l'Ile-de-Batz et à l'Ile-de-Siecke, sa voisine, on pêchait autrefois vers septembre et octobre, une certaine quantité de grosses sardines qu'un ou deux bateaux du pays prenaient avec de la gueldre (appât dont il sera parlé plus loin). Ces bateaux en prenaient d'assez fortes quantités pour les besoins de la consommation locale. Un spéculateur de Roscoff, associé à l'un des premiers armateurs de Douarnenez, a songé à y faire la pêche sur une échelle plus importante.

Après avoir obtenu de l'administration des douanes l'autorisation d'établir un atelier de salaison à l'Ile-de-Batz, il y a formé un établissement qui a débuté avec succès en 1863. Il vient d'acquérir l'Ile-de-Siecke, touchant la terre ferme par une dune de sable découvrant à basse mer, où il va encore monter des ateliers.

Tout porte à croire que cette nouvelle industrie,

conduite par les hommes capables qui l'ont introduite dans le pays, y prendra de profondes racines et qu'elle sera la source de grands avantages pour la localité et de beaux bénéfices pour ceux qui l'ont créée.

Dans les environs des côtes de Lannion, un peu plus loin que l'Ile-de-Batz, on trouve encore, en octobre, de grosses sardines que les bateaux du pays pêchent aussi pour la consommation locale. Il est à présumer, qu'à l'exemple des industriels de Roscoff, on verra la pêche de la sardine se faire soit aux Sept-Iles, soit sur les côtes voisines de Lannion, avec les mêmes moyens et le même succès qu'elle se fait maintenant à l'Ile-de-Batz. La proximité du chemin de fer qui permet d'établir des relations promptes et faciles avec l'intérieur de la France, ne peut manquer de donner des débouchés assurés et satisfaisants, aux spéculateurs qui voudront entreprendre l'exploitation de cette industrie dans les Côtes-du-Nord, sur une échelle un peu importante et avec les procédés en usage chez les pêcheurs du Finistère.

En Angleterre on pêche aussi de la sardine dans l'arrière saison, la manière de la prendre diffère essentiellement de la nôtre.

Là on la seine avec de grands filets, quand elle vient au bord de la côte, et à peu près de la même manière qu'on la pêche dans la Méditerrannée.

Sur nos côtes la pêche se fait d'une façon toute différente, comme on le verra dans la suite.

IV.

APPATS NÉCESSAIRES POUR PÊCHER LA SARDINE.

§ 1. — *De la Rogue.*

Depuis de longues années, les pêcheurs de sardines

sont tributaires de la Norwège, pour l'appât nommé *rogue*.

Des essais sans nombre ont été tentés infructueusement jusqu'à ce jour, pour trouver une substance qui puisse la remplacer efficacement. On a fabriqué des rogues artificielles de toute nature, avec le capelan, avec des poissons divers, bouillis, desséchés et pulvérisés ; des récompenses honorifiques ont été accordées aux inventeurs de rogues artificielles ; mais on n'a pas tardé à voir que ces appâts si vantés, n'étaient bons que sur le papier, et que les sardines ont été les premières à protester contre leur prétendue infaillibilité, par la répulsion qu'elles n'ont cessé de montrer contre cet appât qu'on leur présentait comme immanquable.

Les rogues artificielles sont tombées dans le néant, on n'en parle plus, et force est aux pêcheurs et même aux inventeurs de rogues artificielles, de se servir de la rogue de Norwège, dont on ne peut pas malheureusement se dispenser. Cet appât coûte des millions aux armateurs. Depuis 20 ans, le prix moyen se trouve doublé, et avant peu il sera le triple de ce qu'on le payait il y a 30 ans.

Tous les ans la rogue va en augmentant et personne ne peut dire jusqu'où elle montera encore.

Un des principaux motifs de cette cherté, c'est l'entente qui existe entre les principaux négociants de Bergen, qui s'occupent de cet article.

Comme ils savent que la rogue est indispensable à la pêche de la sardine, ils se sont entendus pour la faire payer, aux pêcheurs français le prix qu'ils veulent et réaliser d'énormes bénéfices. Voici comment ils s'y prennent.

Mais avant, un mot sur l'analyse de la rogue.

C'est une substance granulée, comme de petits œufs, contenue dans un sac plus ou moins fort, suivant le degré d'avancement de la gestation de la femelle d'une espèce de morue, appelée *stock fish*. Cette petite graine est le frai de ce poisson.

La pêche du stock fish, se fait dans les mois de février, mars et avril, sur les côtes des îles Lofoden, et sur celles du Nordland (Norwège), du 66 au 70° degré de latitude nord.

Les pêcheurs de stock fish, salent le poisson après avoir enlevé aux femelles leurs sacs de graine qu'ils mettent à bord, dans des barils préparés à cet effet. Chaque baril pèse des 130 à 140 kilos.

Ces pêcheurs sont misérables et n'ont d'autre industrie que la pêche. Etant tout à fait dépourvus de capitaux, ils s'adressent aux nordlandais, marchands de la terre-ferme, qui leur font des avances remboursables par la rogue qu'ils doivent pêcher et qu'ils sont tenus de livrer à vil prix à ces marchands aussitôt la pêche achevée.

Ces nordlandais à leur tour, sont exploités par les seuls acheteurs coalisés de Bergen, qui leur donne aussi à eux des avances, avec lesquelles ils payent les pêcheurs de stock fish comme nous l'avons vu plus haut, en prenant l'obligation de livrer à la compagnie de Bergen, toute la rogue qu'ils recueilleront à un prix convenu d'avance toujours très bas.

Les nordlandais après avoir reçu la rogue des mains des pêcheurs, lui font subir une nouvelle préparation en la mettant dans d'autres futailles, ils en classent les qualités et les expédient, soit sur Bergen, soit sur Christiansund, ou la compagnie monopolisatrice, les vend aux commissionnaires des armateurs de France ; ces commissionnaires pour la plus part font partie eux mêmes de la société. Ils la vendent aux armateurs, comme nous l'avons dit, le prix qu'ils veulent, puisqu'il a été prouvé par des *documents officiels*, que de la rogue qui ne revenait à Bergen, après avoir passé par l'intermédiaire des Norlandais qu'à 28 ou 30 francs le baril, était revendue aux commissionnaires pour compte français de 45 à 50 francs suivant qualité. Qu'on juge du bénéfice que font les négociants 15 à 20 francs par baril, sur 18 à 20,000 terme moyen. La rogue passe, comme on vient de le voir, en quatre mains avant d'arriver en France.

1° Par celles des pêcheurs ; 2° par celles des nordlandais ; 3° par celles des négociants de Bergen ou de Christiansund ; 4° enfin par celles des commissionnaires.

Il serait donc bien à désirer qu'on put trouver un moyen efficace, pour faire cesser un état de chose désastreux pour les intérêts des pêcheurs français et tout à fait alarmant pour l'avenir.

Y aurait-il possibilité de faire concurrence aux négociants de Bergen ?

Cette question est près d'être résolue par l'affirmative. Un honorable négociant de Concarneau, s'en est sérieusement occupé depuis un an ou deux, il a monté une affaire avec une société anglaise, a défaut d'associés français qui comprennent son idée ; déjà des produits satisfaisants se sont présentés sur le marché.

Il serait bien à désirer que cette société prospérât et fut favorisée par les armateurs français, même à prix égal ; c'est la seule chance qui leur reste pour obtenir dans l'avenir, la rogue à un prix convenable.

Son Excellence le Ministre du commerce, s'est ému de cet état de chose.

Sur le rapport de notre consul à Bergen, il a du envoyer en 1863, un homme pratique sur les lieux, pour étudier cette intéressante question et voir s'il n'y aurait pas moyen d'arriver, à remédier aux inconvénients que nous avons signalés.

Le commerce de la sardine attend avec impatience le rapport de cet agent.

V.

GUELDRE.

Il y a un autre appât dont la sardine est encore plus friande et que nous avons sous la main dans tous les inombrables cours d'eau qui fourmillent en Bretagne et qui tous viennent aboutir à la mer. Nous voulons parler de la *gueldre* ou petite chevrette à l'état d'embryon ; mais soit que la récolte de cet appât ne se fasse que sur une petite échelle, soit qu'elle soit peu productive, il n'entre que pour peu de chose dans la consommation ordinaire.

Il serait à désirer que le gouvernement favorisât la pêche de la gueldre pour diminuer le tribut que nous payons à messieurs les Norwégiens.

Nous sommes persuadé que s'il se trouvait des personnes qui s'adonneraient à cette pêche, il y aurait de grands bénéfices à recueillir. Il faudrait pour cela un petit navire calant peu d'eau qui, dès le mois d'avril, se mettrait à fouiller nos anses et nos baies, enfin tous les cours d'eau aboutissant à la mer, depuis la Loire jusqu'à la baie de Saint-Brieuc. Il faudrait qu'il fût muni du matériel convenable : 3 à 4 grands sacs en toile claire, une certaine quantité de barriques vides, avec le sel nécessaire pour saler convenablement la gueldre qu'il recueillerait.

Une fois ces futailles remplies, il irait sur les lieux de pêche et il vendrait la gueldre de 20 à 30 fr. les 100 kilogrammes, soit de 50 à 75 fr. la barrique.

Cette pêche dure quatre mois, d'avril à juillet.

C'est une industrie lucrative que nous conseillons à tous propriétaires d'une petite barque de tenter.

Nous connaissons certain cours d'eau ou rivière, et nous sommes loin de les connaître tous, qui donnerait à lui seul un chargement de 20 à 30 barriques et plus.

Il y a donc à espérer de grands bénéfices pour quelqu'un qui se livrerait à cette nouvelle industrie.

VI.

BATEAUX DE PÊCHE POUR LA SARDINE.

§ I. — *De leur Construction.*

Chaque bateau de pêche varie de forme suivant la localité où il a été construit, et aussi suivant l'idée du pêcheur.

On reconnait les bateaux de tel ou tel port, à sa forme particulière, à sa *tournure*, à sa voilure, comme on reconnait en Bretagne les habitants de telle ou telle commune à leurs costumes particuliers.

Nous croyons utile de donner ici le détail de la construction d'un bateau de pêche.

La longueur de la quille des bateaux consacrés à la pêche de la sardine, varie de 7 mètres 30 à 8 mètres 30. Leur largeur au maître beau, de 2 mètres 50 à 2 mètres 75. Les pièces de bois composant la charpente du bateau, s'appellent couples ou levées. Chaque couple est composée de trois pièces, dont une varangue et deux genoux ou allonges. Comme la forme de ces bateaux exige des pièces très courbées et que les bois courbés sont assez rares et chers, il y a des localités comme Port-Louis, Etel, Belle-Ile et le Croisic, où un grand nombre de couples est composé de cinq pièces : une varange, deux genoux et deux allonges. Ces couples de cinq pièces ne se mettent qu'au milieu du bateau, à l'endroit où la forme est la plus arrondie.

La distance entre chaque couple ou levée est de 35 centimètres environ. Il en va de 21 à 23 dans chaque bateau.

Les pièces composant la levée ont 7 ou 8 centimètres

d'épaisseur et 10 environ de largeur. Elles sont liées entre elles par des clous et des gournables. La varangue qui repose directement sur la quille est chevillée ordinairement de deux en deux avec un goujon de fer de 8 à 10 millimètres de diamètre et rivés sous la quille ; le reste reçoit une gournable en chêne sec, et mieux en accacia.

La gournable est une cheville en bois, qui pour être bonne, doit être faite en bois de chêne sec ou en accacia fendu de droit fil, sans nœuds ni aubier.

Une fois toutes les levées mises en place verticalement sur la quille, elles sont reliées ensemble par des bordages et des pièces de tours dans lesquelles se percent les trous pour les *tolets* ou chevilles en bois qui maintiennent les avirons quand on veut ramer.

Dans l'intérieur se trouve un petit plancher ou végrage, où se dépose la sardine quand on la retire des filets, attenant à une espèce de trou ou coffre en bois où l'on renferme les papiers du bateau, les lignes de pêche, etc. Ces deux compartiments s'appellent *la chambre*. Le reste n'a aucun végrage.

Pour qu'un bateau jouisse de toutes les conditions de solidité désirables, il faut que les bois formant la membrure soient, autant que possible, secs, sains et purgés d'aubier, qu'ils soient courbés naturellement et qu'ils n'aient pas le *fil* découpé. Ce dernier défaut est fréquent dans la construction des bateaux, car les constructeurs qui manquent de bois naturellement tors, en font d'une courbure artificielle en convertissant une pièce de bois large *non courbée* en *pièce courbe*, au dépens de la largeur et du *fil* qui se trouve forcément découpé, ce qui rend la membrure sans résistance et susceptible de se casser au premier effort. Nous conseillons aux personnes qui font faire des bateaux de pêche, pour leur usage personnel, d'exiger des constructeurs, des bois pour membrures brutes, de 15 à 20 centimètres de largeur et *naturellement courbés*.

Chose encore essentielle à exiger des constructeurs, c'est de n'employer que des bordages *sans aubier* et n'ayant pas plus de 15 à 18 centimètres de largeur, mis en place. Les constructeurs se récrieront en prétendant qu'avec des bordages larges les réparations sont moins couteuses parce qu'il faut moins de clous et d'étoupe ; il ne faut pas les écouter, car ils plaident pour leur avantage et non pour celui de l'armateur. En effet, en employant des bordages larges ayant jusqu'à 30 centimètres, appliqués sur des membrures extrêmement arrondies, on est obligé de les forcer, en les chauffant, à prendre la forme de la membrure ; et il arrive ceci que le bordage ainsi violemment mis en place à coups de mailloche, la fibre du bois étant tordue contre nature, tend à faire sortir le clou qui le retient de force contre la membrure rebelle.

Au lieu d'un avantage pour l'armateur, c'est une réparation incessante, ou un combat perpétuel entre le clou et le bordage ; tandis que le bordage étroit se ploie à la volonté de la membrure et s'unit à elle sans jamais vouloir s'en séparer. Tout le monde du reste sait qu'un plancher fait avec des planches étroites est bien plus solide que s'il étoit fait avec des planches larges. L'épaisseur des bordages d'un bateau de pêche est de 27 millimètres.

Outre l'aubier qu'il faut répudier dans un bordage large ou étroit, il faut faire attention qu'il ne soit pas gélif ni d'une essence grasse et tendre. Ces sortes de bois pourrissent vite et durent moins que le sapin.

Chaque bateau a deux baux ou pièces de bois qui se placent transversalement : l'un (*le grand*) dans le milieu où le bateau est le plus large ; l'autre (*le petit*), un peu plus sur l'avant. Le *grand bau* doit être une bonne pièce de bois de chêne de premier choix, avoir 11 centimètres d'épaisseur, 40 centimètres de largeur ; c'est à ce bau qu'est adapté le grand mât au moyen d'une entaille de son diamètre, faite au milieu. Le petit bau a

8 à 9 centimètres d'épaisseur, 20 à 22 de largeur ; il sert à lier les différentes parties du bateau entre elles. Le mât de misaine se place devant, de la même manière que le grand mât.

N'oublions pas non plus la largeur de la quille, chose essentielle pour la marche et pour ce qu'on appelle *tenir le vent*.

Bien des constructeurs ne mettent que 16 à 17 centimètres de largeur dans la quille. Il faut, selon nous, 22 à 24 au moins ; on en voit même qui les exige de 25 à 26. Nous ne pouvons que les approuver.

Les quilles en bois d'orme ou de hêtre sont les meilleures. Le gouvernail doit avoir 1 mètre 90 à 2 mètres de long ; l'épaisseur du bois doit être de 35 millimètres, et sa largeur dans la partie en contact avec la quille, de 60 centimètres. Sa ferrure doit être en fer de toute première qualité.

Enfin le clouage et le chevillage d'un bateau doit être en fer galvanisé.

VII.

ARMEMENT.

Après avoir donné le détail des conditions nécessaires pour la bonne construction d'un bateau de pêche, il nous reste à parler de son armement au moment d'entrer en campagne.

Il se compose :

1° D'un grand mât de 8 à 9 mètres 60, sur 16 centimètres de diamètre, au gros bout ; 7 à 8 au petit bout, selon la grandeur du bateau.

2° D'un mât de misaine de 5 à 6 mètres 50 de long ; 10 à 12 centimètres de diamètre au gros bout. Ces mâts sont ordinairement en sapin du Nord. Le grand mât est garni d'un étai qui sert à le maintenir ; les deux mâts ont leur drisse pour le service de leurs voiles.

3° Un taille-vent ou une grande voile et une misaine en bonne toile de chanvre proportionnés à la grandeur des mâts ; ces voiles sont garnies de leurs vergues et de leurs écoutes.

4° Trois avirons, dont deux de 8 mètres à 8 mètres 33, et un de 5 à 6 mètres ; une gafe, une ou deux perches, deux planches de sapin, un fanal, une cloche et une corne, suivant les réglements ; un avanceau pour saisir les sardines qui échappent des filets, une jatte pour vider l'eau, quatre paniers pour porter la sardine en magasin, trois baillots pour mettre la rogue, un grand prélart et deux à trois sacs en toile pour mettre les filets, etc.

5° Un grapin du poids de 20 à 25 kilos, un cable et un amare de terre, en bon fil de chanvre. Cette dernière peut être en sparterie qui est un cordage très fort et de durée.

6° 15 à 20 filets de tous les moules assortis.

7° Enfin, 22 à 25 barils de rogues qu'on compte pour chaque bateau pendant la campagne.

L'armement d'un bateau neuf avec son approvisionnement en rogues et en filets, représente une valeur de 3,000 francs environs. Le bateau est en outre muni d'un congé et d'un rôle d'équipage, qui ne sont délivrés que sur la présentation au syndic ou à l'agent de la marine, du fanal, de la corne et de la cloche réglementaires, objets parfaitement inutiles aux bateaux de pêche et dont l'administration de la marine devrait bien exempter les armateurs. C'est sans doute une pensée d'humanité, qui l'a portée à prescrire à chaque patron, d'avoir son bateau muni de ces objets, qui sont censés devoir leur servir la nuit contre des abordages qui pourraient leur devenir funestes.

On a pu penser qu'étant éclairé par une lanterne, et que pouvant se faire entendre dans les nuits sombres, par une cloche et un cornet, un bateau éviterait un abordage dangereux, etc; mais l'expérience démontre que de pareils engins ne peuvent servir à l'usage auquel ils sont destinés, et on en a tellement reconnu l'inutilité même dans les ports où il y a des navires de l'Etat *gardes de pêches*, où il y a des commissaires de la marine etc., que lanterne, cloche et corne restent à terre chez l'armateur. En effet, pourquoi une lanterne de couleur verte et rouge, pour un bateau qui ne reste jamais la nuit dehors, rentrant tous les soirs à la tombée de la nuit. Où pourrait-il en tout cas attacher sa lanterne ? A son étrave. Mais elle est presque toujours mouillée par la mer et par conséquent elle ne pourrait rester allumée dix minutes. Autre difficulté : comment l'allumer ? Il n'y a pas de feu à bord, on serait forcé de se servir d'allumettes chimiques ; mais on sait qu'il est presqu'impossible de les faire prendre en mer, surtout dans une petite barque non pontée, exposée au vent et à l'humidité.

La corne et la cloche présentent la même inutilité ; les bateaux, comme nous l'avons démontré, ne voyageant pas de nuit, ne peuvent être exposés à des abordages. L'administration de la marine ferait donc un acte de justice, en n'exigeant pas des armateurs, ces engins avant l'expédition de leurs bateaux pour leur entrée en campagne. Du reste dans le quartier de Brest et de Quimper, on ferme dit-on, les yeux sur ces prescriptions impossibles à exécuter, probablement qu'il en est de même encore ailleurs. Il n'y a alors que le quartier de Lorient ou elles seraient impérieusement exigées.

Il serait à désirer que le commerce fut délivré de toutes ces entraves onéreuses, surtout quand leur inutilité est complètement démontrée.

Les armateurs ont le plus grand intérêt à la conservation de leurs bateaux et de leurs équipages, ils seraient les premiers à prendre des mesures efficaces pour éviter des abordages dangereux, s'ils en sentaient la nécessité ; qu'on leur abandonne ce soin, leur intérêt leur commandera ce qu'ils auront à faire pour éviter les dangers, si réellement ils sont à craindre.

VIII.

DU PERSONNEL COMPOSANT L'ÉQUIPAGE D'UN BATEAU DE PÊCHE ET DES CONDITIONS EXISTANT ENTRE L'ÉQUIPAGE ET L'ARMATEUR.

§ 1. — *Composition du personnel.*

L'équipage d'un bateau de pêche, appartenant à un armateur, est ordinairement composé de la manière suivante :

1° D'un patron.

2° de deux *teneurs de bout*, ainsi nommés parce que ce sont eux qui sont chargés de maintenir avec les avirons, le bateau bout au vent de manière que le courant ou le vent ne puisse le faire dériver sur le filet.

3° D'un novice seulement ou d'un novice et d'un mousse ou encore de deux mousses ; mais plus ordinairement l'équipage n'est composé que du patron, de deux teneurs de bout et d'un novice.

Jusqu'en 1864, les armateurs étaient forcés d'avoir un mousse de 10 à 15 ans dans leurs bateaux ; maintenant ils peuvent le remplacer par un novice de 16 à 18 ans. C'est une mesure d'humanité qui fait honneur au ministre de la marine. Il y a beaucoup de bateaux qui appartiennent soit au patron qui les commande, soit à plusieurs associés, ordinairement parents, dont l'un est patron, soit à une famille entière. Les équipages de ces bateaux sont composés selon les idées des propriétaires, on en voit plusieurs qui ont 5, 6, et 7 personnes, qui tous ont une part dans la pêche qu'ils peuvent faire.

Des équipages ainsi composés permettent aux intéressés de faire le plus souvent une pêche meilleure que ceux dont l'équipage n'est composé que de 4 personnes, car ils sont plus en force pour résister aux courants et aux vents, en mettant deux hommes sur chaque aviron.

Mais notre intention est de parler spécialement des bateaux appartenant aux armateurs.

§ II. — *Sillage ou engagement entre équipage et armateurs.*

C'est vers la fin de la pêche au mois de novembre de chaque année, que l'on forme les équipages des bateaux que l'on compte armer pour la campagne suivante.

Voici comment les engagements se font :

L'armateur a naturellement intérêt à avoir un équipage bien composé, savoir : un patron expérimenté qui a la réputation de bien connaître son métier, des teneurs de bout jeunes et vigoureux, et un bon novice bien soigneux. Il tâche de rencontrer ce qu'il désire, il cherche jusqu'à ce qu'il trouve ce qu'il lui faut. De son coté un patron qui a la connaissance de sa valeur, fait aussi des démarches pour rencontrer un armateur qui, en raison de son mérite, lui donnera un fort sillage, car dans le métier de patron le mérite et le savoir faire se payent, quoique la réputation d'homme heureux vous tienne souvent lieu de l'un et de l'autre.

Enfin, quand patron et armateurs se sont abouchés et sont convenus de leurs conditions, l'armateur paye à titre de gratification ou assurance d'engagement une somme plus ou moins forte : 1° au patron ; 2° une pareille somme à partager ordinairement entre les deux teneurs debout ; 3° le quart de l'engagement du patron au novice. Souvent on ne paye que la moitié du sillage en faisant l'engagement et l'autre moitié à la fin de la campagne. L'équipage ayant reçu en totalité ou en partie le montant de son sillage, se trouve engagé de la manière la plus formelle envers l'armateur et l'armateur envers l'équipage. C'est un contrat qui n'est pas écrit; mais qui est exécuté presque toujours avec loyauté de do part et d'autre. Si un des hommes qui a reçu son sillage, voulait pour un motif quelconque rompre son engagement, ou quitter le bateau pendant la pêche, l'armateur a le droit de le faire saisir par le gendarme attaché à la marine, en adressant sa plainte au commissaire de l'inscription maritime du quartier, de faire conduire cet homme aux frais de celui-ci au lieu de l'embarquement et de l'obliger enfin à remplir son engagement. Ces cas sont bien rares.

Si dans l'intervalle l'un des hommes est pris pour le servce de l'Etat, l'armateur tache de rattrapper son sillage; mais le plus souvent il le perd dans l'impossibilité, où il se trouve d'exercer son recours contre des individus qui ne possèdent rien.

Dans bien des localités, les syndics ou les commissaires de l'inscription maritime, portent sur le rôle les conditions convenues et notamment de quelle manière seront réglés les produits de la pêche, en ce qui concerne les prix de la sardine. Ces conditions font loi contre les parties.

§ III. — *Règlement entre l'armateur et l'équipage des produits de la pêche.*

Le prix de la sardine étant arrêté et convenu le samedi au soir de chaque semaine, voici comment on procède au réglement à Port-Louis, Groix, Doëlan, Concarneau et Douarnenez. Nous ignorons comment il se fait ailleurs.

L'armateur tient un registre ou est portée la quantité de sardines pêchées chaque jour.

Supposons qu'un bateau ait pêché 54,000 sardines dans la semaine et que le prix fixé soit de 10 francs le millier.

L'armateur fait l'opération suivante :

Il multiplie la quantité trouvée, 54,000 par 10 ce qui donne 540 francs.

Il donne au patron 1/10 de cette somme, soit.		54 fr.	
Plus 1|9 de bonification en sa qualité de patron..		6	60 fr.
A un des teneurs de bout 1|10.	.	54	
A l'autre. . . . . 1|10.	.	54	
Au novice. . . . 1|20.	.	27	135 fr.
En tout. . .			195
Il reste à l'armateur pour son bateau, ses filets et sa rogue, bruts. .			345
Somme égale. . .			540 fr.

En outre celui-ci fournit à l'équipage, un logement pour servir de cuisine et en quelques localités, le combustible pour cuire les aliments, des lits pour se coucher, mais à partir du premier septembre seulement.

Pendant les autres mois, l'équipage couche dans les bateaux ; enfin on lui abandonne les sardines sans têtes, éventrées et de qualité inférieure en quantité suffisante pour sa subsistance, à défaut de sardines on lui donne quelquefois un peu de vieux oing, pour mettre dans la marmite et faire un potage gras.

Les conditions ci-dessus varient un peu, selon les localités, mais en général elles sont reçues dans la plupart des lieux de pêche sur les côtes de Bretagne.

Nous estimons qu'en moyenne chaque bateau rapporte 1,000 francs à son équipage, pendant les trois à quatre mois environ que dure la pêche. Cette somme est à partager comme il est dit ci-dessus. Il reçoit cette somme nette, sa nourriture ne lui ayant pour ainsi dire rien coûté, car nous avons vu qu'il lui reste à chaque pêche une partie notable de sardines de rebuts sans compter le poisson qu'il pêche à la ligne pendant que les filets sont dehors.

IX.

ÉPOQUE DE L'ARMEMENT DES BATEAUX.

Nous avons dit que la sardine apparaissait d'abord à la Rochelle et aux Sables d'Olonne, ensuite à Belle-Isle, le Croisic, la Turbale, Etel, Port-Louis, Groix, Doëlan, Concarneau et Douarnenez, où elle semblait s'arrêter quelques temps avant que de poursuire sa route vers l'ouest et le nord et de se rendre à l'Ile-de-Batz, Lannion et les côtes d'Angleterre.

Au fur et à mesure de son apparition, ce qui s'apperçoit quand leurs bancs immenses grouillent sur la surface de la mer, comme si elle était agitée par une brise légère, quand on voit des bandes de marsoins ennemis acharné de la sardine, caracolant et prenant leurs ébats, quand enfin les goëlands, leurs autres ennemis, planent sur les bancs et plongent, comme pour saisir une proie, alors on fait appel aux équipages qui arrivent pour faire passer les filets et les voiles à la *tanée*, préparation qui consiste à les faire bouillir dans de grandes chaudières, avec une certaine quantité de *tan* ou *écorce de chêne* moulue ; à défaut, on se sert d'écorces de pin concassée. Ce tannage est un préservatif efficace contre la pourriture du fil et de la toile, en y mêlant un peu d'ocre les voiles prennent une teinte rouge, ce qui explique aux personnes qui ne connaissent pas ce procédé, pour quoi il se trouve à bord des navires bretons surtout, des voiles aux couleurs rouges, jaunes ou brunes. L'opération du tannage accomplie, on envergue les voiles et on met à bord du bateau tout ce qui est nécessaire pour la pêche ; inutile de dire que le bateau a été préalablement visité, caréné, chauffé et goudronné. Enfin on donne au bateau trois baillots de rogues, dont un mêlé de sable et les deux autres de rogues pures ou de gueldre si on en possède ; on embarque aussi des filets de divers moules, renfermés dans des sacs pour pouvoir en avoir de convenable pour présenter à la sardine, dont la grosseur est encore inconnue.

Puis le bateau part à la petite pointe du jour, pour se rendre sur le lieu présumé où doit se trouver la sardine, c'est tantôt à droite, tantôt à gauche du port d'attache, selon les vents, la marée et aussi suivant les inspirations du patron, qui souvent se détermine à aller plutôt ici que là suivant les signes qu'il a pu découvrir, ou qu'il s'imagine avoir découvert.

Souvent au lieu d'armer tous les bateaux à la fois, on n'en met qu'un ou deux en mer, pour aller s'assurer si réellement on découvre de la sardine dans la baie et pour tâcher d'en prendre quelque peu, afin de déterminer le moule des filets propre à la grosseur du poisson.

La première sardine qui entre dans le port s'appelle le *bouquet*, parce qu'anciennement le bateau qui entrait le premier avec de la sardine, portait un gros bouquet de fleurs au haut de son grand mat. Ce *bouquet* est toujours distribué aux amis et connaissances des environs ; le contre maitre de l'établissement ou tout autre employé, va en grande cérémonie leur porter quelques douzaines de sardines, qui sont toujours acceptées avec empressement et arrosées d'un coup de vin ou de cidre, qu'on boit à la prospérité de la pêche future. Cette coutume se pratique dans le Finistère et le Morbihan, nous ignorons si cet usage est pratiqué ailleurs.

X.

COMMENT SE FAIT LA PÊCHE DE LA SARDINE.

Beaucoup de personnes vendent et mangent cet excellent poisson, sans savoir comment il se prend.

Pour celles qui sont curieuses de connaitre la manière de le pêcher, nous allons leur en donner le détail.

Les bateaux de juin à septembre font deux sorties, le matin et le soir ; comme ils ne vont qu'à une courte distance des côtes, cela leur est facile.

C'est ordinairement le matin au lever du soleil et le soir à son coucher, que se trouve le moment le plus favorable pour pêcher ; ce n'est pas une règle absolue, mais l'expérience a démontré que généralement ces époques là du jour, étaient les plus propices. De septembre à novembre, les bateaux ne sortent qu'une fois par jour et la pêche se fait à toute heure de la journée.

Pour arriver le matin sur les lieux de pêche au lever de l'aurore, il faut être nécessairement parti une demi-heure ou une heure avant le lever du soleil, suivant les vents et la distance.

Aussitôt arrivé, on amène les voiles et les mats, le patron tire le gouvernail à bord, les deux *teneurs debout* bordent les avirons, c'est-à-dire, les disposent pour ramer, le mousse ou le novice est près du patron dans la *chambre* à l'arrière, pour aider celui-ci à dérouler le filet contenu dans un sac de toile, et à le mettre à l'eau, pendant que les deux teneurs debout rament pour maintenir le bateau dans une position, qui permette de tenir toujours le filet tendu, l'étrave tourné bout au vent, de manière que le bateau ne puisse dériver dessus.

Mais au moment ou tout est prêt pour pêcher, le patron et l'équipage se découvrent, font le signe de la croix et disent chacun tout bas une courte prière.

Un pêcheur breton, quelque sceptique, quelque philosophe qu'il veuille parfois paraître à terre, car au fond il ne l'est pas, récite toujours une prière avant de commencer à pêcher ; c'est un devoir qu'il ne manquera jamais d'accomplir.

Après cet acte de piété, il attache une pierre pouvant peser 2 à 3 kilos, à une petite corde qui se trouve à la première extrémité du filet, afin de le maintenir verticalement dans l'eau ; le haut du filet qui se trouve soutenu par une rangée de liéges, fait opposition à la pierre et aux plombs attachés à la partie inférieure. Puis les rameurs, ou *teneurs debout*, nagent doucement pour *aller de l'avant*, afin que le filet qui se déroule à l'arrière, soit toujours tendue et maintenue dans une position verticale. Quand tous le filet est ainsi déroulé et mis à l'eau, le patron attache une deuxième pierre à une autre petite corde, faisant suite à celle où se trouvent attachés les plombs, la jette à l'eau. Mais il retient à la main l'extrémité de la corde opposée à celle des plombs du filet.

Le filet étant ainsi tendu et maintenu verticalement par le moyen des liéges et des plombs, le patron prend une ou deux poignées de rogues mêlées de sable fin et la jette à droite et à gauche du filet. Cette rogue ainsi imprégnée de sable, est lourde et ne tarde pas à descendre doucement. Si le hasard veut que le bateau se trouve au-dessus d'un banc de sardine, le poisson monte aussitôt à la surface pour se repaître de l'appât qui lui est offert.

La sardine arrive ainsi quelques fois en banc tellement épais, qu'on pourrait presque la prendre avec la main ; mais souvent le bateau s'est arrêté sur un fond où il n'y a pas de sardine ; la rogue n'est pas moins jetée ; mais en pure perte, tandis que le bateau voisin plus heureux, a trouvé le poisson et pêche à plein filet.

Une fois la sardine levée, c'est-à-dire amenée à la surface, ce n'est plus de la rogue mêlée de sable qu'on lui sort, mais de la rogue pure et de première qualité, s'il est possible. On ne l'épargne pas quand la sardine *travaille* ; c'est-à-dire quand elle se précipite à travers le filet pour dévorer la rogue quelle voit devant-elle ; c'est alors que, trouvant un osbtacle, elle passe la tête dans les mailles et aussitôt elle est prise par les ouïes.

Il y en a qui, se précipitent tellement fort contre le filet, que lorsquelles ne se maillent pas, on les voit sortir la tête hors de l'eau, toutes étourdies du choc, et tournoyer sur elles-mêmes ; c'est alors que les goëlands qui suivent les bateaux, sachant qu'après eux il y a toujours quelque proie à saisir, se précipitent, souvent d'une hauteur très élevée, sur la sardine, ainsi étourdie et l'avalent d'un trait.

Le patron, si c'est un homme d'expérience et connaissant son métier, doit calculer ce qu'il peut mettre de *filets dehors*, c'est-à-dire à l'eau et ménager la rogue en conséquence ; si au contraire il prévoit qu'après un premier ou un deuxième filet, il arrivera quelque cause fortuite qui fera fuir le poisson, il forcera la rogue un peu plus quand la sardine travaillera. Toute la science, tout le talent d'un bon patron gissent dans ces deux extrêmes, économiser ou prodiguer la rogue à propos. Ce savoir faire est très rare.

Aussitôt qu'un patron sent à la main le filet s'alourdir ou qu'il voit que les liéges sont sur le point de disparaître sous le poids des sardines, il l'abandonne au gré des flots, chargé souvent de 5 à 6,000 sardines et plus. Il en met immédiatement un deuxième à l'eau, en suivant les mêmes règles que pour le premier, à l'exception que le poisson étant à sa surface, on n'a plus besoin de *le lever* avec de la rogue mêlée de sable. Ce deuxième filet étant rempli de sardines, on l'abandonne comme le précédent et ainsi de suite, jusqu'à ce qu'il ne reste plus ni filet ni rogue.

Alors on nage pour embarquer les filets en dérive, qu'on a eu soin de ne pas perdre de vue ; cependant il est arrivé que surpris par un orage ou par la nuit, on abandonne un filet qu'on n'a pu retrouver ; les filets portant tous la marque de l'armateur et un numéro apposés sur une rondelle de bois placée près des liéges, sont presque toujours recueillis le lendemain. Dans ce cas le filet est rendu au propriétaire ; mais le poisson appartient au sauveteur.

Au fur et à mesure que les filets rentrent dans les bateaux, le patron et le novice, en retirent les sardines, ce qui s'appelle *démailler*.

Cette opération est bien simple, elle consiste à secouer fortement la partie du filet qui se trouve chargé de poisson, et la sardine tombe d'elle-même dans la chambre du bateau, où elle s'accumule plus ou moins, selon l'abondance de la pêche.

En retirant les filets, quelques fois des sardines tombent à la mer ; alors le mousse s'arme d'une espèce de raquette à long manche nommée *avaneau*, qu'il plonge dans l'eau et repêche la sardine ainsi échappée des filets.

On a vu, dans des jours d'abondance, un seul bateau pêcher 25 à 30,000 sardines, mais c'est rare. Alors la sardine qui se trouve sous le tas empilé dans la chambre, est plus ou moins altérée ; un bon quart peut-être considéré comme perdu ; cependant on ne les jette pas, car on trouve toujours des acheteurs pour la sardine, quelque détériorée qu'elle soit.

Comme les jours de pêche médiocre ou nulle, l'emportent sur ceux d'abondance, le terme moyen de la pêche d'un bateau, doit être estimé dans *les années ordinaires*, de 2,000 à 2,500 sardines environ par jour ; mais qu'on pêche ou qu'on ne pêche pas, la rogue se jète toujours plus ou moins. Aussi les années stériles occasionnent une plus grande perte à l'armateur, que ne lui procure de bénéfice une année abondante.

Arrivés au port, les patrons envoient prendre des paniers au magasin. La sardine est comptée et mise dans les paniers par quantité de deux cents.

Elles sont passées à l'eau avant d'entrer à l'atelier. Un homme porte deux paniers; c'est-à-dire 400 sardines à la fois, il y a des ports où on met dans chaque panier 5 pour cent en plus, ce qu'on nomme la *lance*, mais le plus généralement on ne donne rien de plus, a moins qu'on achète de la sardine d'un bateau n'appartenant pas à l'établissement, alors les *lances* sont exigées; du reste chaque port a, à cet égard, ses usages particuliers, il en est de même lorsqu'il y a tromperie sur la quantité, c'est à dire lorsqu'il y a du manquant sur le nombre que doivent contenir les paniers. Cette vérification se fait inopinément sur le premier panier venu. Chaque localité a ses usages pour infliger une peine sévère au délinquant, sans compter qu'il est signalé au public comme ayant voulu voler, ce qui est la pire des peines pour plusieurs.

On donne à chaque porteur de deux paniers un jeton en plomb à la marque de l'armateur. Quand tout est porté, on compte les jetons et on inscrit sur un livre préparé *ad hoc* la pêche que chaque bateau a faite pour être réglée à la fin de la semaine, comme il est dit page 27.

Il est d'usage à chaque pêche de laisser à l'équipage un cent environ de sardines de *rebuts*, qui lui servent de nourriture indépendemment du gros poisson qu'il prend en mettant des lignes dehors pendant que la pêche se fait. Ces sardines de rebuts sont salées par quelques poignées de sel ayant déjà servi, qu'on appelle *résel*; il existe souvent de graves abus pour les rebuts, aussi nous conseillons aux armateurs d'y apporter la plus scrupuleuse attention. Ces sardines, avec les poissons qu'on a pu pêcher, sont mises à bouillir dans une grande chaudière commune, quelquefois à plusieurs équipages; le bouillon sert à tremper un potage de pain de seigle; le tout est mangé en plein air, l'équipage étant rangé autour de la chaudière où se trouve le poisson bouilli et dans laquelle chacun puise jusqu'à extinction, en se servant bien entendu de la fourchette du père Adam. Inutile de dire que la chope de cidre est l'accompagnant obligé de ce silencieux et grave repas qui jeté sur la toile par un Teniers ou un Rembrandt et même par une palette moins illustre, attirerait l'attention dans n'importe quel musée, par son étrangeté et son originalité.

XI.

DÉSARMEMENT.

Quand on est assuré par des sorties successivement infructueuses, que la sardine a disparu, l'armateur procède au désarmement de ses bateaux par leurs équipages. On fait une nouvelle tannée pour les filets, puis on les fait sécher ainsi que les voiles et les cordages ; on les met en magasin avec les mâts, avirons, planches, grapins, etc.; chaque pièce du matériel mise à part porte le numéro du bateau. Tout cela doit être classé dans les magasins pour qu'il n'y ait pas de confusion au réarmement de la campagne suivante. Tout étant emmagasiné, on envoie les bateaux hiverner au fond des anses, ou on les traîne à terre hors des atteintes des marées.

C'est pendant l'hiver que les bateaux se détériorent le plus. Il serait à désirer que dans chaque port on pût avoir un bassin à flot, où ils pourraient hiverner sans danger et sans dommage pour ainsi dire pour leur coque. On ne peut estimer moins de 20, terme moyen, le carénage et la réparation de la coque d'un bateau. Si au contraire il restait à flot elle serait insignifiante surtout si on pouvait garantir l'intérieur, par le moyen d'une couverture en planche mince qui se monterait et démonterait par panneau, opération praticable dans un chantier ; mais non quand les bateaux sont jetés sur la vase dans le premier enfoncement venu d'une baie, où ils ne sont pas toujours en sureté contre les terribles effets du ressac.

Après que les bateaux ont été amarrés à terre, l'équipage reçoit le solde de son sillage, s'il ne l'a pas reçu en entier lors de l'engagement et s'il reste encore au service de l'armateur pour la campagne suivante, il reçoit soit la moitié soit la totalité de son nouvel engagement.

XII

DES CABOTEURS.

Bateaux de l'Ile de Groix.

L'Ile de Groix, située vis-à-vis de Doëlan, Larmor et Port-Louis, possède la population maritime la plus intrépide de la côte. Tous les habitants mâles sont marins depuis l'âge de 8 à 70 ans et plus. Une partie fait la pêche de la sardine dans des bateaux qui sont ordinairement montés par les membres d'une même famille. Ils vendent leur poisson sur toute la côte ; mais principalement à Port-Louis.

La majeure partie des marins de Groix, montent des bateaux beaucoup plus grands appelés *caboteurs* ; ces bateaux qui appartiennent aussi presque toujours à une famille, vont depuis la Rochelle jusqu'à Douarnenez acheter de la sardine des bateaux pêcheurs. A cet effet, ils les suivent sur les lieux de pêche, hissent un pavillon pour annoncer qu'ils sont disposés à racheter la sardine qu'on leur présentera ; le marché se fait en mer. Aussitôt qu'on est d'accord sur le prix du millier, les sardines sont versées immédiatement à bord du caboteur, qui, muni d'une certaine quantité de sel, les sale en pile dans la cale ; dès qu'ils ont recueilli le nombre qui leur est nécessaire (de 80 à 100,000 environ), ils mettent à la voile et se dirigent principalement sur Nantes, Latremblade, Blaye et Bordeaux, où la sardine arrive plus ou moins fraîche.

Les Sables et la Rochelle finissant de pêcher avant Doëlan, Concarneau et surtout Douarnenez, les caboteurs viennent charger de sardines dans ces derniers parages, pour les fabriques de conserves des Sables et de la Rochelle. Quelques fois la sardine y est transportée assez promptement ; mais aussi bien souvent elle arrive 8 à 10 jours après avoir étéprise et dans un état plus ou moins satisfaisant. Ces bateaux jaugeant de 10 à 15 tonneaux, sont très fins et uniquement construits pour la marche ; aussi ont-ils la réputation bien méritée d'être les premiers marcheurs de la côte. Ils n'ont que 2 mâts a peu près d'égale longueur avec un bout dehors, et un foc, deux voiles ; la voilure est ordinairement de couleur rouge. Il n'y a pas de tempête que leur intrépide équipage n'affronte pour aller vendre leurs sardines ; ces marins sont aussi habiles qu'intrépides ; et il est rare de les voir faire naufrage. Pendant que les hommes sont en mer, les filles et les femmes cultivent la terre et font les moissons. C'est entre l'Ile de Groix et la terre que se fait communément les meilleures pêches de la côte, la sardine semblant s'y complaire. Cette Ile éloignée de la terre ferme de 10 à 12 kilomètres n'a pas de port ; elle ne possède que deux misérables criques abritées seulement des vents du sud, tous les autres vents les rendent impraticables ; elle ne possède que deux fabriques de sardines pressées et deux fabriques de conserves à l'huile.

XIII.

COUTUMES RELIGIEUSES DES PÊCHEURS SUR LES CÔTES DU MORBIHAN ET DU FINISTÈRE.

Les bateaux ne sortent jamais le dimanche, l'équipage consacre ce jour là au repos, commandé par la loi religieuse ; mais il faut l'avouer, le dimanche ne se passe pas toujours à prier Dieu. Les marins vont généralement à la messe du matin ; mais le reste de la journée se passe ordinairement au cabaret où partie du gain et quelquefois le gain en entier de la semaine y est dépensé. Le marin, a pour maxime qu'il est trop dur d'être sobre quand on n'a pas d'argent et d'être encore sobre quand on en a devant soi ; aussi voit-on cette maxime pratiquée en grand, et la femme et les enfants manquer de tout et se trouver toujours dans la plus profonde misère. Pour le marin il n'y a que le présent, l'avenir semble ne pas exister pour lui.

Un bateau neuf est toujours béni par un prêtre avant de prendre la mer, s'il n'avait pas subi cette cérémonie, il serait réputé malheureux, privé de la chance de pêcher avec abondance. Cette idée là est tellement enracinée dans l'esprit des marins, de Douarnenez principalement, qu'il ne se passe pas de dimanche, pendant la pêche, qu'au quai on ne voie une rangée de bateaux que leurs équipages font bénir souvent plusieurs fois dans l'année, espérant toujours que la bénédiction répétée du prêtre, finira par faire cesser la mauvaise chance.

§ 1. — *Superstitions.*

Ils ont en outre mille idées superstitieuses dont il serait trop long de donner le récit, nous ne parlerons que de celles qui paraissent les plus singulières.

Si un bateau se trouve avoir été volé, soit d'une des pierres qui s'attachent au filet, soit d'une ligne de pêche, soit d'un tolet, soit du plus mince objet qui se trouve à bord, l'équipage est persuadé que le bateau est frappé de malheur et que ce sera en vain, qu'il ira en mer ; jamais la sardine ne *levera* quand bien même le patron jetterait toute sa rogue ; il faut absolument retrouver l'objet volé et si on ne parvient pas à le ravoir, il faut immédiatement prendre une certaine quantité de paille et flamber l'intérieur du bateau, en faisant parcourir à la flamme les plus petits trous de manière à chasser le malin esprit ou le démon qui a dû prendre possession du bateau volé. il est bien entendu que le démon ne peut quitter le bateau qu'après avoir été chassé par la flamme ou la fumée. Quand nous avons vu cette cérémonie pour la première fois, nous avons demandé au patron, si réellement, il croyait à l'efficacité de son opération ; c'était un vieux marin. Il nous répondit qu'il y croyait fermement, que son père en avait fait l'expérience plusieurs fois avec succès, que du reste nous pouvions nous en informer près de tous les marins et que nous n'en trouverions pas un à dire le contraire.

Effectivement pas un n'a fait l'incrédule, tous m'ont affirmé que c'était une vérité incontestable à savoir : qu'il était inutile à un bateau dont on aura volé un objet quelconque, d'aller en mer sans avoir fait flamber son bateau ; car s'il ne le soumettait pas à cette opération, il ne prendrait rien et serait sous l'interdit pendant le reste de la pêche.

Ensuite il y a des esprits qui vous troublent la vue, surtout en temps de brume, et qui vous font aborder tout autre point de la côte, que le port que vous cherchez etc.

Le jour du dimanche des Rameaux, si pendant la lecture de l'évangile à la grand'messe les vents sont à l'ouest, ou sud ouest, ou au nord ouest, la pêche ne sera pas bonne à la campagne prochaine ; au contraire si les vents sont nord, nord est, est, ou sud est, on est certain d'avoir une pêche abondante.

Les marins ne commenceront jamais la campagne un vendredi.

XIV.

DE LA SARDINE CONSERVÉE A L'HUILE ET DES INDUSTRIES QUI S'Y RATTACHENT.

§ 1. — *Son origine.*

L'idée de conserver la sardine à l'huile dans des boites de ferblanc, date de 35 à 40 ans environ.

On préparait bien auparavant, dans quelques ménages, des sardines au beurre qu'on faisait cuire dans une casserole,, puis on les mettait dans une potiche qu'on recouvrait, soit de beurre frais fondu, soit d'huile d'olive avec accompagnement d'aromates de toutes sortes, selon le gout des ménages où elles se consommaient ; on n'avait pas encore eu l'idée d'en faire l'objet d'un commerce. C'était un article de luxe et qui coutait assez cher, car en ne comptant pas le prix de la sardine, chaque poisson revenait de frais seulement de fabrication, à 10 centimes la pièce.

La première idée d'en faire un produit commercial, est attribuée à un honorable magistrat, juge alors au tribunal civil de Lorient, qui, portant intérêt à une vieille demoiselle de sa connaissance, nommée mademoiselle Le Guillou, l'engagea à essayer de cuire et de conserver à l'huile quelques centaines de sardines, pour les envoyer à des épiciers de Paris ; l'essai réussit et la fabrication augmenta avec les demandes.

Ce magistrat lui fournit par la suite les moyens de fabriquer sur une échelle un peu importante et comme l'affaire en prenant de l'extention rapportait de beaux bénéfices, il donna sa démission de juge, monta un établissement important à Lorient, et devint le premier fabricant de sardines à l'huile, sous la marque de *mademoiselle Le Guillou*, qui est la plus ancienne connue.

Les beaux résultats que cette industrie nouvelle avait procurés au protecteur de mademoiselle Le Guillou, ne tardèrent pas à être connus et à donner l'éveil à la spéculation.

Des négociants de Port-Louis, et d'ailleurs, des confiseurs ou marchands de comestibles de Nantes, vinrent s'établir à Port-Louis d'abord, puis le Croisic, Belle-Ile, Doëlan et enfin Concarneau, donnèrent un grand élan à la fabrication de la sardine à l'huile. La Rochelle et les Sables, la Turballe, Etel et enfin Douarnenez, ne tardèrent pas suivre l'exemple. Quelques uns des premiers fabricants de sardines ont fait de mauvaises affaires, mais ils n'ont pas tardé à être remplacés par leurs ferblantiers qui, eux, s'enrichissaient quand leurs patrons se ruinaient. Car la fabrication de boites de ferblanc a été la cause de la fortune de plusieurs ferblantiers, qui presque tous se sont mis à faire de la sardine à l'huile et sont aujourd'hui à la tête de forts établissements.

XV.

DES HUILES EMPLOYÉES A LA FABRICATION DE LA SARDINE.

Il est impossible de fabriquer de bonnes sardines à l'huile sans que ce liquide soit de bonne qualité ; avec des huiles médiocres, vous aurez de médiocres produits ; avec de mauvaise huile, soit d'olive soit de graines, vous n'aurez que des sardines détestables.

De la bonne huile dépend donc la bonne fabrication, les bonnes huiles d'olive se tirent de Nice, ensuite de

Port-Maurice et exceptionnellement de l'ancien royaume de Naples, principalement de Barri. On trouve aussi de bonnes qualités à Aix, en Provence. Entre les diverses qualités, il y a un assez grand écart pour les prix.

Nous ne traiterons pas de la préparation de la sardine à l'huile, car nous serions peut-être obligé d'entrer dans des détails qui ne seraient pas bien saisis ni compris par la majorité des lecteurs.

Comme cette préparation est une affaire *de goût*, nous craindrions que le mode que nous préconiserions, serait justement celui qui ne serait pas dans le goût ni les idées de nos lecteurs.

Nous espérons que le public appréciera notre silence à cet égard.

XVI.

DE LA SARDINE A L'HUILE CONSIDÉRÉE COMME RATION A DONNER AUX MARINS ET AUX TROUPES EN CAMPAGNE.

Dans les expéditions d'outre-mer, comme celles de Cochinchine, de la Chine, du Japon, d'Australie, du Mexique, du Sénégal et des mers du Sud, on embarque comme vivres de distribution, beaucoup de salaisons, de *conserves* de légumes et de viandes; la plupart de ces denrées se conservent plus ou moins longtemps et il arrive par fois que lorsqu'elles ne sont pas renouvelées dans la traversée, elles arrivent à destination dans un état voisin de la corruption. Le lard salé en barils est la denrée dont on consomme le plus parcequ'elle est distribuée aussi bien à bord aux matelots qu'aux soldats faisant campagne. Le lard est pesant, d'un transport difficile et se corrompt promptement sous l'influence d'une température élevée.

Devant ces graves inconvénients, ne serait-il pas avantageux et économique à l'administration de la guerre et de la marine, de comprendre la sardine conservée à l'huile dans la ration ordinaire ou extraordinaire des équipages ou des troupes en campagne dans les pays d'outre-mer ?

En effet cette denrée d'un goût fin et délicat se conservant indéfiniment même sous les chaleurs les plus fortes est d'un transport facile, beaucoup étant contenu sous un petit volume, ce qui permet d'en mettre une grande quantité à bord dans un petit espace. A l'appui de notre opinion nous allons entrer dans quelques considérations qui auront peut être le mérite de fixer l'attention de l'administration.

§ I. — NOMBRE DE SARDINES EN MOYENNE CONTENU DANS CHAQUE ESPÈCE DE BOITES, POIDS DE CETTE MÊME BOITE.

Le quart de boites de grandeur moyenne, pèse de 250 à 280 grammes, il contient année commune de 10 à 12 poissons.

La demi-boite d'exportation, pèse 450 grammes environ, elle contient 18 à 25 sardines.

La boîte entière dite 4|4, pèse 1,000 grammes environ, elle contient 50 sardines environ.

Enfin, la triple boîte, pèse 3,000 grammes environ, elle contient de 120 à 180 poissons, selon la pêche et les années, le nombre de poisson variant selon le plus ou le moins de grosseur des sardines. L'huile qui reste dans la boite après la sardine, est très appétissante mangée avec du pain ou du biscuit ; il est donc facile de voir que cette denrée qui ne laisse rien à désirer sous le rapport du goût et de la consommation, coûterait moins que le lard, la viande et les légumes conservées en boites etc., en les payant le prix ordinaire de la vente en gros, 1 fr. 50 c. à 1 fr. 80 c. le kilo.

Si l'administration se contentait de qualités inférieures, elle pourrait encore obtenir un rabais de 5 à 10 pour cent sur les prix.

En outre des avantages que nous venons de citer, la sardine à l'huile est éminemment antiscorbutique, suivant les hommes compétents.

Nous sommes donc étonnés que l'administration de la marine ou de la guerre, n'ait pas encore fait l'essai des sardines à l'huile, pour l'approvisionnement des troupes de terre et de mer.

Les officiers seuls de la marine, en entrant en campagne, en font une provision pour leur table.

Nous livrons ces quelques lignes à l'appréciation éclairée de Leurs Excellences les Ministre de la guerre et de la marine, en les invitant à faire étudier sérieusement cette question.

XVII.

DES PRODUITS QUE LA FABRICATION DE LA SARDINE A L'HUILE PEUT LIVRER A L'AGRICULTURE.

Après être entrées dans l'atelier, les sardines destinées à être conservées à l'huile, sont étêtées avant d'être salées ; tête et intestins sont extraits par le même procédé.

Le tout est mis dans de grands baillots ; elles en sont ensuite retirées pour être livrées à l'agriculture. Répandue sur les terres, principalement, sur les défrichements de landes, elles opèrent des merveilles. Les colzas surtout poussent admirablement bien après une fumure de têtes de sardines. Il ny a pas encore longtemps que ces produits étaient jetés à la mer, comme étant de nulle valeur ; maintenant ils sont très recherchés pour engrais par les agriculteurs intelligents.

Leur puissant effet est tellement apprécié que tout le monde en veut et on se les arrache.

XVIII.

DE LA FABRICATION DE SARDINES SALÉES ET PRESSÉES.

Les ateliers de salaisons pour la sardine pressée en barils, ont considérablement diminué depuis l'invasion de la sardine à l'huile, quoique la consommation ne paraisse pas avoir subi une diminution sensible.

Avant la fabrication de la sardine à l'huile, les ateliers de salaisons qui existaient de la Rochelle à Douarnenez, produisaient ordinairement plus que la consommation pouvait exiger. Les années de grande abondance étaient surtout désastreuses.

On avait beau payer en certains ports la sardine 2 fr. 50 et même 2 fr. le millier, c'était encore trop cher pour avoir du bénéfice, attendu que la sardine, payée ce prix là, était pêchée en primeur, saison ou le poisson est tendre, sans écaille et sans huile, qualités éminemment propres à faire de bonnes sardines à l'huile, mais tout-à-fait mauvaises pour la salaison.

En effet cette sardine de primeur mise en manestraut, était *mangée* par le sel, comme disent les pêcheurs, c'est-à-dire corrodée par cetacide ; il fallait se dépêcher de la mettre en baril et de l'expédier *à la vente.*

Comme tous les fabricants se trouvaient encombrés, ils se pressaient d'adresser leurs produits au commissionnaire avec ordre de vente à tout prix, car le poisson n'étant pas de nature à se conserver, ils craignaient, non sans raison, que la corruption ne s'y mît et par suite les vers.

Alors on voyait souvent des chargements qui éprouvaient des retards en route, arriver sur les lieux de vente dans un état tel de corruption, que la police s'en mêlait et ordonnait de jeter la marchandise à l'eau ou de la vendre comme engrais.

Même pour celle qui arrivait à l'état sain, l'encombrement de la place était souvent tel que l'expéditeur se trouvait satisfait de retirer ses frais et de perdre la valeur du poisson ; bienheureux encore si, après avoir vendu toute la marchandise et prélevé sa commission, le commissionnaire ne venait pas réclamer de son commettant une somme plus ou moins forte de frais qui avait excédé la valeur de la marchandise.

Depuis que la fabrique de la sardine à l'huile a pris une certaine extension et a remplacé un grand nombre d'ateliers de salaisons sur la côte ; la position des sardines pressées s'est sensiblement améliorée et loin d'en vouloir à sa rivale, elle lui a au contraire les plus grandes obligations.

En effet, les fabricants de sardines pressées, se débarrassent avec avantage de leurs sardines de primeur en les vendant à un prix élevé à leurs confrères de la sardines à l'huile qui n'en ont jamais trop.

Quand le mois de septembre arrive, la sardine qui a pris du développement, devient alors tout-à-fait propre à être livrée à la salaison. La consommation de cette denrée étant restée à peu près la même et les ateliers de salaisons ayant diminué de moitié, les prix se maintiennent toujours à un taux rénumérateur pour le fabricant et il ne tombe plus sous le coup de ces pertes énormes, qu'il éprouvait avant l'établissement des fabriques de sardines à l'huile.

La Rochelle, les Sables, Belle-Ile, le Croisic, Etel, ne fabriquent plus de sardines pressées, on en voit encore quelques unes, mais bien rares à Port-Louis, Gavre, Lomener, Larmor et Groix ; à Doëlan il existe aujourd'hui trois ateliers de salaisons sur deux fabriques à l'huile.

A Concarneau il y a plus d'ateliers de salaisons que d'établissement de conserves à l'huile ; mais ces derniers consomment plus de sardines que tous les autres ensemble.

Sous le rapport de l'importance commerciale, les fabriques de sardines à l'huile laissent bien en arrière les sardines pressées.

A Douarnenez en revanche, la sardine à l'huile est peu de chose en comparaison de la sardine pressée, cela tient probablement à la grosseur de la sardine qui, à Douarnenez, convient parfaitement à la salaison.

De Port-Louis à Concarneau, on pêche comme nous l'avons dit, un mois ou deux avant Douarnenez ; généralement le poisson pêché dans ces ports est moyen et donne de 3,500 à 4,000 au baril.

Les fabricants de sardines pressées de ces localités, qui ont leurs ateliers garnis, espérant un prix avantageux pour la vente de l'arrière saison, sont dans une grande anxiété pendant les mois de septembre, d'octobre et même de novembre, attendant leur perte ou leur bénéfice, du résultat de la pêche de Douarnenez, qui, avec ces 800 à 1,000 bateaux, peut en quinze jours ou trois semaines de belle pêche, remplir tous ses magasins en beaux poissons de 2 à 3,000 sardines au baril et les jeter sur les places du Midi et de la Loire. On doit se figurer de l'effet que peut produire 50 à 60,000 barils, souvent plus, mis à la disposition des acheteurs dans un seul port ; il est éprouvé certainement bien des moments inquiétude par les saleurs de l'est ; mais aussi lorsqu'il arrive que Douarnenez pêche peu, on ne fait seulement qu'une demi-année, alors Port-Louis, Groix, Doëlan et surtout Concarneau sont dans la jubilation, car ils se voient assurés de vendre leurs sardines à un prix rénumérateur, tant il est vrai que dans ce monde et dans le commerce particulièrement, ce qui est une calamité pour les uns est presque toujours un avantage pour les autres.

XIX.

DE LA SARDINE FRAICHE.

Depuis que le chemin de fer d'Orléans fonctionne de Quimper à Paris, une grande quantité de sardines fraiches est expédiée sur toute la ligne, de tous les lieux de pêche, et elles arrivent à destination plus ou moins fraiches ; mais elles arrivent vite, c'est un point essentiel pour un poisson qui s'altère si promptement, surtout sous les chaleurs de juin, juillet, août. Septembre, octobre et novembre, sont les mois les plus favorables pour les expéditions ; mais c'est aussi à cette époque ou la sardine est la moins délicate et que les expéditions se font de Douarnenez, de l'Ile-de-Batz et de Lannion, qui alors fournissent de grosses sardines de l'arrière saison.

Pour manger d'excellentes sardines, il faut venir à Port-Louis, Doëlan et Concarneau en juin et juillet, les faire servir au sortir du bateau après une heure de sel et on verra que cela ne ressemble en rien aux sardines prétendues fraiches, qu'on mange à Paris et ailleurs.

Outre la consommation qui se fait par les nombreuses expéditions des chemins de fer, il y a la consommation locale, qui comprend un rayon de 25 à 30 kilomètres des lieux de pêche, tous les ans cette consommation est doublée et triplée.

A chaque marée nos quais sont couverts de marchands de sardines, revendeurs en détail, qui viennent les uns avec chevaux et voitures, les autres avec des paniers qu'ils portent sur leur tête, pourvoir à la consommation de plusieurs milliers de personnes. A l'arrière saison, les cultivateurs tant du littoral que de l'intérieur des départements où se fait la pêche, viennent faire leur provision d'hiver en sardines fraiches qu'ils salent chez eux. Le jour n'est pas loin ou chaque maison s'approvisionnera de sardines, pour la consommation de l'hiver. Ce sera encore un vaste débouché ouvert au commerce de la sardine ; enfin, ces achats se multipliant tous les ans, il arrivera que des millions de sardines seront vendues à l'état frais et n'entreront pas par conséquent dans les magasins.

On ne peut se faire une idée du nombre de personnes qui vivent de la pêche de la sardine, à commencer par les constructeurs de bateaux, voilier, cordier, etc., les femmes qui s'occupent de la confection des milliers de filets, devenus plus rares et plus chers de jour en jour, les pêcheurs, le personnel des établissements de conserves à l'huile ou de sardines pressées. Enfin, les revendeurs de sardines et les consommateurs.

XX.

DES ANCHOIS.

Les anchois se pêchent aussi sur les côtes de Bretagne, dans la saison où se prennent les sardines avec lesquelles on les trouve mêlées.

Il y a des années où il s'en fait beaucoup.

Ce poisson est préparé comme en Provence ; il y est presque tout expédié en saumure. Les Provençaux leur font subir une nouvelle préparation, les mettent en bocaux, etc., puis les réexpédient partout comme anchois de Provence.

DES SPRATS.

Ce petit poisson beaucoup plus petit que la sardine, fin et délicat comme elle, se pêche sur un seul point de la Bretagne (Douarnenez). Il ne se prend pas comme la sardine ; il arrive en bancs très épais dans la baie de Douarnenez, vers la fin de mars ou le courant d'avril. Ces bancs s'aperçoivent de la côte où il y a des *guetteurs* sur les points élevés pour les observer et les indiquer aux *tourneurs*; on appelle ainsi les pêcheurs qui sont munis de très grands filets à petites mailles spécialement affectés à la pêche du sprat, qui vont en mer quand les *guetteurs* ont aperçu un banc jouer sur l'eau; les tourneurs ne les voient pas mais ils sont guidés par les signes convenus avec le guetteur qui, de la position élevée où il se trouve sur la côte, suit les sprats dans leurs évolutions.

Exécutant les signaux du guetteur, les tourneurs qui sont dans deux ou trois bateaux, mettent leur filet à l'eau et entourent le banc.

Tout ou presque tout ce qui est tourné est pris et en telle quantité qu'on a vu un seul coup de filet produire cent barriques de sprats, ou environ un million de poisson.

Cette pêche ne dure que très peu de jours, quoique souvent il arrive que les sprats reviennent sur la côte au bout de 7 à 8 jours de leur première apparition.

Le sprat se vend à la barrique par les pêcheurs aux saleurs de Douarnenez. On le sale presque toujours: cependant on en conserve à l'huile et il se vend dans le commerce pour de petites sardines.

XXI.

DES FILETS.

Nous devons pour compléter notre travail, parler des filets et des mertains qui sont des objets se rattachant essentiellement à la pêche de la sardine.

Nous commençons par les filets.

Nous avons dit que chaque bateau doit être muni d'un assortiment de filets de toutes les espèces de *moules*. Cet assortiment est plus ou moins complet, selon le plus ou le moins d'économie de l'armateur.

Un bateau est considéré être bien monté en filets, quand il en a 20 assortis pour toutes les grosseurs de sardines. L'armateur donne à chacun de ces bateaux ce que l'on nomme un lot de filets. Ce lot est assorti le mieux possible et mis à part dans les magasins de l'armateur. Chaque lot porte le numéro du bateau à qui il appartient, et chaque filet a aussi le numéro du bateau et la marque de l'armateur incrustés dans une rondelle en bois de hêtre à l'une des extrémités touchant les liéges ; ce qui est nécessaire pour que l'équipage puisse parfaitement reconnaître ses filets, soit quand il les met à sécher en revenant de la pêche, soit quand il lui arrive de les perdre le soir, lorsqu'il les laisse aller à la dérive chargés de poissons n'ayant pu les retirer, pressé par la nuit ou par un orage.

Comme les filets à force d'aller en mer et de prendre du poisson, s'usent assez vite, et sont déchirés, par les gros poissons qui en voulant leur donner la chasse, s'embarrassent dans le filet, il faut que chaque établissement ait une ou plusieurs *ramandeuses* ou femmes qui, dans l'intervalle d'une pêche à une autre, ravaudent ou raccommodent les filets ainsi troués. On compte une ravaudeuse par cinq bateaux. On la paie ordinairement à la journée pour toute la campagne.

Il n'y a pas longtemps qu'il existait trois grandeurs principales de filets. Ceux de Belle-Ile et Port-Louis étaient et sont encore les plus grands de la côte ; ils ont 25 grandes brasses, c'est-à-dire 45 à 50 mètres de long ; leur hauteur est de 270 mailles environ.

Puis venaient ceux de Concarneau qui n'avaient que 20 brasses ou 32 mètres de long et 240 à 250 mailles de hauteur.

Enfin ceux de Douarnenez les plus petits de tous qui n'avaient que 18 petites brasses ou 26 à 27 mètres et 240 mailles environ ; mais dans ces deux derniers ports on augmente tous les ans la longueur des filets et avant peu elle atteindra celle de Port-Louis. Nous ignorons la longueur des filets de La Rochelle et des Sables.

Le prix des filets a doublé depuis 30 ans, et quoiqu'ils soient chers on a les plus grandes peines du monde à s'en procurer. On attribue cette pénurie et cette hausse à l'augmentation qu'a subie le nombre des bateaux et aux fabriques de conserves à l'huile qui emploient pendant près de la moitié de l'année les femmes et les filles qui n'avaient jadis d'autres ressources pour vivre que celles de fabriquer des filets.

Il serait bien à désirer que l'on trouvât le moyen de fabriquer mécaniquement de bons filets à bon marché. Il existe bien des filets mécaniques; mais ils sont loin de valoir ceux faits à la main; le fil en est trop ou pas assez tourné, il ne résiste pas à l'eau et il est bien vite hors de service. Nous pensons que si les fabricants de filets à la mécanique se servaient de bon fil de chanvre filé à la main, tel qu'on en emploie à Douarnenez et à Concarneau, ils pourraient faire aussi bien et peut être mieux que les filets à la main.

XXII.

DES MERRAINS ET DU BARILLAGE.

Les merrains pour la confection des barils de sardines pressées et pour celles anchoitées, jouent un rôle assez important dans le matériel des presseurs.

Pour la sardine pressée on se sert le plus souvent de merrains de hêtre sciés ou fendus.

Les merrains doivent avoir de 8 à 10 centimètres de largeur, sur 16 à 17 millimètres d'épaisseur.

La longueur varie suivant la futaille.

Pour barils de 80 à 85 kil., la longaille a 0,66 c. de long;

Pour demi-barils ou quarts de 40 kil., la longaille a 0,50 de long;

La fonçaille des barils, 0,45 à 50 c. de long ;
La fonçaille des demi-barils, 0,30 à 33 c. de long.

Les fonçailles de merrains à barils devraient avoir 0,50 centimètres de long afin qu'ils puissent servir à deux fins, comme fonçailles de barils et comme longailles de merrains de quarts.

On fait des merrains en toute espèce de bois, mais le hêtre est celui qui fait les meilleures futailles pour sardines presssées, et aussi le bouleau.

La sardine anchoitée et les anchois se mettent en petits barils de diverses jauges ou échantillons. Les merrains employés pour cette préparation sont de préférence : le chêne d'Amérique; à défaut, celui de France, sec et non piqué de vers, comme cela se trouve souvent dans les merrains d'Amérique. Après le chêne, le bouleau est très bon, car ce bois conserve très bien la saumure, quand il est beau et sans nœuds. Il est essentiel que les merrains destinés à confectionner des barils pour la saumure soient fendus, de droit fil et non sciés, car le fil du bois étant coupé, la saumure traverse bien vite la douvelle et le rend tout à fait impropre à cet emploi.

Les merrains pour sardines pressées se vendent au millier.

Ce millier, dans le commerce de la sardine, est compté d'une singulière façon.

Il y en a de deux espèces : le grand et le petit millier.

Le grand millier en usage spécialement dans le Morbihan, est composé de 1,400 longailles et de 700 fonçailles.

Le petit millier usité dans le Finistère, est de 1,200 longailles et de 600 fonçailles.

La façon d'un baril est de 60 c. environ, celle du demi-baril, 40 c. On estime la valeur du premier, de 2 fr. 25 c. à 2 fr. 50, et l'autre de 1 fr. 25 à 1 fr. 50.

Il y a des années où ils coûtent beaucoup plus chers.

Nous avons donné dans ce petit traité toutes les indications en notre pouvoir sur la pêche de la sardine et sur toutes les industries qui ont des rapports avec cette denrée. Nous désirons que les détails minutieux où nous sommes entrés puissent offrir quelqu'intérêt au public.

Nous désirons aussi que le Gouvernement, mieux informé, fasse cesser cette espèce d'impôt qui pèse sur une partie seulement des armateurs, nous voulons parler de l'obligation de munir les bateaux de lanternes, cloches et cornes-à-bouquin, qu'on est forcé de présenter à l'agent de la marine pour obtenir le rôle.

Enfin nous serions heureux de voir LL. EE. les ministres de la guerre et de la marine essayer des sardines à l'huile comme vivres de distribution pour les soldats et marins destinés à faire une longue campagne dans les pays chauds. Ce serait un débouché de plus ouvert à la fabrication de la sardine à l'huile et une amélioration, selon nous, bien grande, dans les approvisionnements des armées de terre et de mer, et de plus une grande économie.

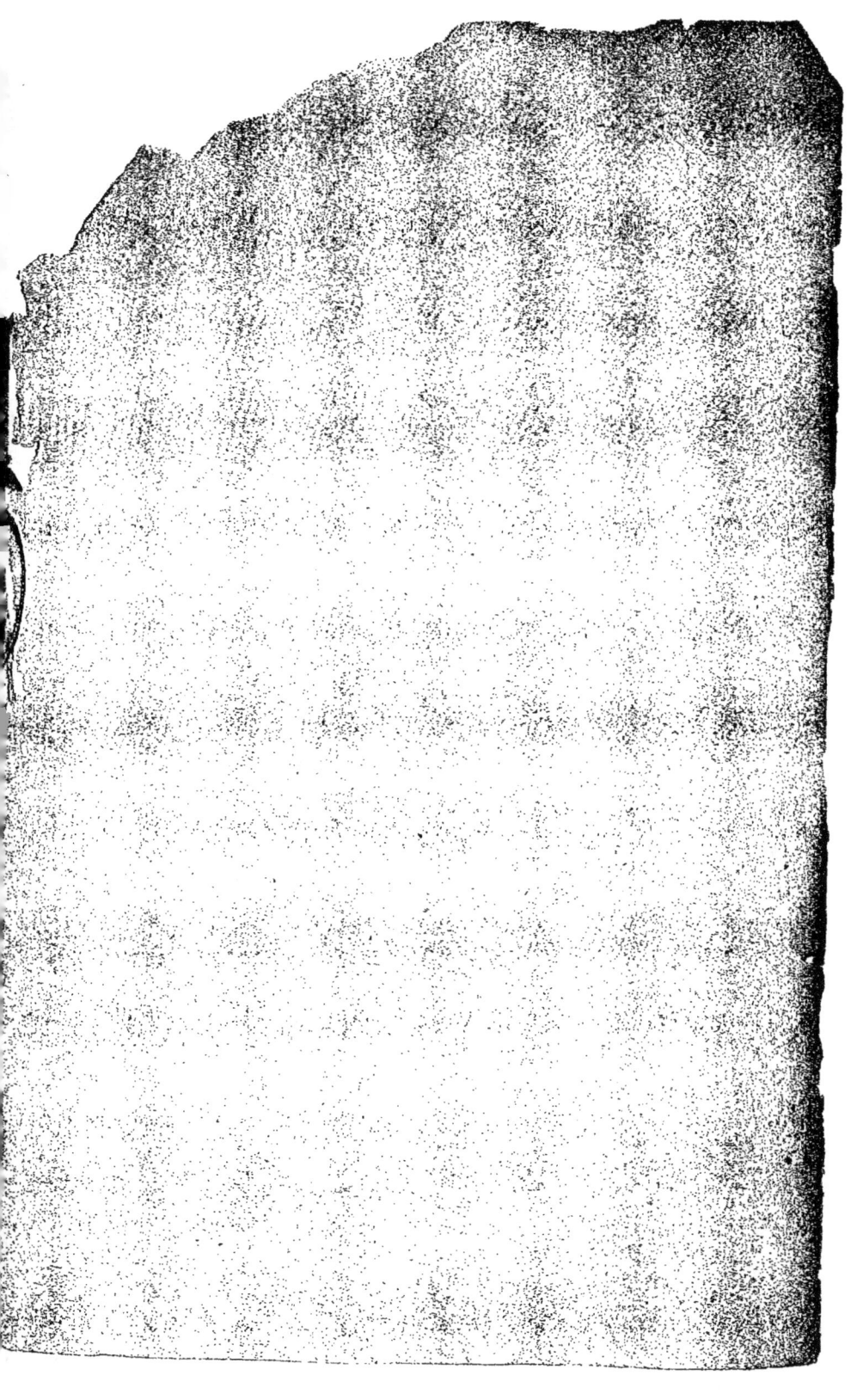

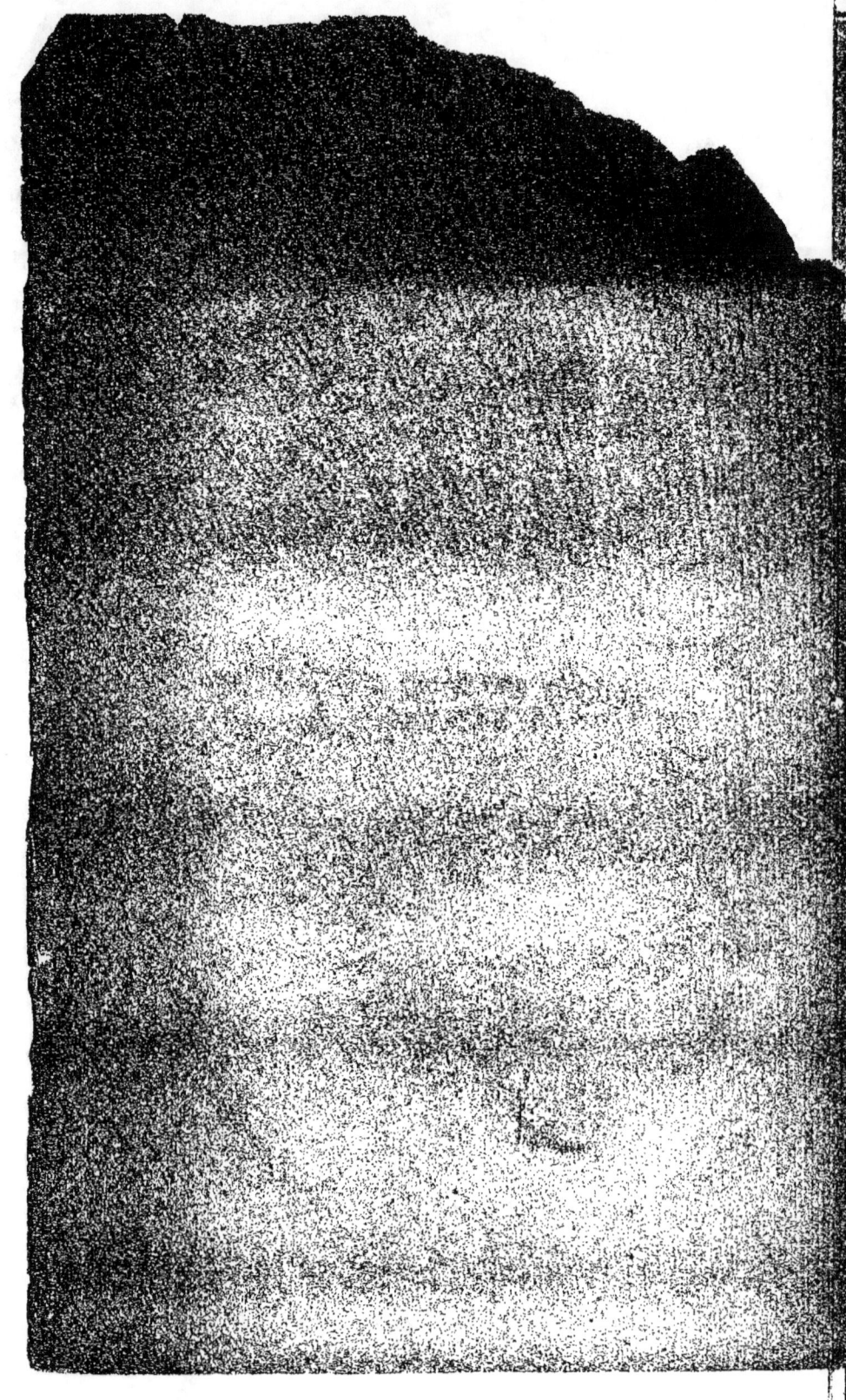

www.ingramcontent.com/pod-product-compliance
Lightning Source LLC
LaVergne TN
LVHW020045090426
835510LV00040B/1414